**생태과학동화**는 자연과 더불어 살아가고픈 마음을 담은 저학년 과학 그림책입니다.
마르지 않는 옹달샘처럼 우리를 둘러싼 환경과 생태에 대한 호기심을 퐁퐁 샘솟게 합니다.

Die Weite Reise der Mauersegler by Anne Möller
Copyright © 2011 Atlantis, an imprint of Orell Füssli Verlag AG, Zurich, Switzerland
All rights reserved.

Korean translation copyright © 2014 by Darim Publishing Co.

This edition is published by arrangement with Atlantis, an imprint of Orell Füssli Verlag AG, Zurich, Switzerland through Kids Mind Agency, Seoul.

이 책의 한국어판 저작권은 키즈마인드 에이전시를 통해 Atlantis, an imprint of Orell Füssli Verlag AG, Zurich, Switzerland와 독점계약한 도서출판 다림에 있습니다.
저작권법에 의해 한국 내에서 보호를 받는 저작물이므로 무단전재와 복제를 금합니다.

바람을 가르는
칼새의 여행

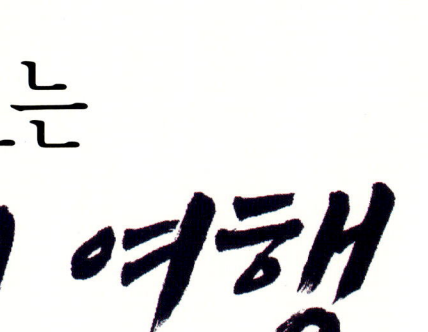

안네 묄러 지음 · 송소민 옮김 · 김현태 도움

다림

아기 칼새가 지금 막 알을 까고 나왔어요.
아기 칼새는 아직 눈을 뜨지 못해 볼 수 없어요.
그래도 벌써 머리를 쳐들려고 애를 쓰네요.
누가 아기 칼새에게 먹이를 가져다줄까요?

아빠 칼새가 날아와 아기 칼새의 부리 안으로 작은 곤충들을 넣어 줘요.
그사이에 아기 칼새의 동생들도 알에서 나왔어요.
한 번은 아빠 칼새가 아기들을 따뜻하게 품어 주고, 한 번은 엄마 칼새가 품어 주지요.
부모 칼새는 번갈아 알을 품고 먹이도 찾아 나서요.

어린 칼새의 깃털이 빠르게 자라요. 좁은 둥지 속에서 날개를 움직여도 보지요.
그리고 가끔 구멍으로 밖을 내다보기도 해요.
어느 날, 밖으로 나가고 싶은 어린 칼새가 한껏 용기를 내요.
모서리에 앉아 있던 한 어린 칼새가 몸을 던지며 날개를 활짝 펴요. 이제 어린 칼새는 날 수 있어요!

많은 칼새들이 하늘을 날아다녀요. 칼새의 울음소리는 아주 멀리서도 들을 수 있지요.
어른 칼새처럼 잘 날고 싶은 어린 칼새들이 부지런히 연습을 해요.
휙 날아오르고, 날개를 퍼덕이고, 빙글 돌아 보아요.
그러다 작은 곤충이 보이면 부리를 크게 벌려 꿀꺽 삼키기도 하지요.

저녁이 되면 칼새들은 점점 더 하늘 높이 날아올라요.
칼새들은 하늘 높은 곳에서 밤을 보내고, 날아다니며 잠을 자지요.
아기 칼새들을 포근하게 품어야 하는 부모들만 둥지로 돌아오는 거예요.
막 날개를 펼친 어린 칼새도 하늘을 날아요. 이제 하늘이 어린 칼새의 집이거든요.

늦여름이면 다른 어린 칼새들도 열심히 날아다니는 연습을 해요.
날이 갈수록 공기는 차가워지고, 곤충들은 점점 더 줄어들지요.

그때 즈음 칼새들은 남쪽으로 떠나는 긴 여행을 시작해요.
땅과 바다, 그리고 산을 넘어 쉼 없이 날아가는 거예요.

칼새들이 사막과 초원, 그리고 숲을 지나요.
구름 위로 높이 날기도 하고, 땅으로 바짝 낮게 날기도 하지요.

드디어 칼새들이 남아프리카에 도착했어요.

어느 날 배고픈 칼새가 염소 떼 위로
바짝 붙어 날아요.
그러다 염소와 부딪혀 땅에 떨어졌어요.
칼새가 다시 날아오르려 해요.
하지만 칼새의 작고 구부러진 발은 몸을 제대로
지탱하지 못해요.

염소를 돌보는 어린이들이 바닥에서 날개를 퍼덕이는 칼새를 보아요.
카필이 조심스럽게 칼새를 집어 올려요. 새가 다치지는 않았을까요?
카필은 칼새가 하늘이 아닌 다른 곳에서 곤충을 잡는 것을 본 적이 없어요.
"새를 집으로 데리고 갈까?" 사피가 물어요.

그때 카필이 팔을 높이 쳐들고 손을 펴요.
순간 칼새가 날갯짓을 하며 휙 날아오르지요.

아프리카에서 반년을 보낸 칼새들이 이제 북쪽으로 날아갈 때가 되었어요.
다시 초원과 바다를 건너 날기 시작해요.

갑자기 천둥 번개가 심하게 쳐요.
그래서 처음으로 칼새는 쉬어 가려고 해요.
칼새는 폭풍우가 물러갈 때까지 집 벽에 딱 달라붙어 있어요.

폭풍우를 겪은 뒤, 칼새는 날씨가 좋은 곳을 찾아 빙 돌아가려고 해요.
4월이 되자 드디어 저 멀리, 고향 마을이 보이네요.

칼새가 집 주위를 쏜살같이 돌며 둥지 틀 곳을 찾아요.
하지만 다른 새들이 벌써 자리를 차지하고 있어요.
마침내 칼새가 벽에 난 구멍 하나를 발견해요.
지금 당장 알을 품으려는 것은 아니에요.
내년에 아프리카에서 돌아오면 어디에 둥지를 틀지 정해 두는 거지요.

그런데 일 년이 지나 다시 와 보니 벽에 난 구멍이 막혀 있어요.
아, 대신 옆에 새로운 구멍이 있네요.
칼새가 부리로 부지런히 풀잎을 날라요. 둥지를 지을 풀잎이에요.
그리고 구멍 안에 들어가 암칼새를 찾는 노래를 불러요.
이윽고 암칼새가 오지요.
이제 두 칼새는 둥지를 함께 완성하고 아기 칼새들을 기를 수 있어요.
칼새 부부는 알을 품기 위해 여름마다 이곳에서 만난답니다.

유럽에 사는 칼새가 다니는 길

유럽에 사는 칼새가 겨울을 나는 지역

유럽에 사는 칼새가 알을 품는 지역

유럽에 사는 칼새의 이동

유럽에 사는 칼새는 여름에 유럽과 아시아 일부에서 알을 품고, 남아프리카에서 겨울을 보내요. 주로 곤충들이 많이 날아다니는 지역에 머무르지요.
칼새가 평생에 걸쳐 날아다니는 거리는 지구를 약 100바퀴 돌거나 지구에서 달까지 다섯 번을 오가는 거리랍니다.

| 옹달샘 탐구 |

우리 칼새에 대하여……

제비와 많이 닮은 칼새

아직은 바람이 좀 세다 싶은 4월 무렵, 작은 언덕이나 저수지 주변에 제비와 비슷하게 생긴 새가 바람을 가르며 주위를 빠르게 도는 모습을 볼 수 있습니다. 사실은 제비가 아니라 칼새이지요.

얼핏 봐서는 구분이 안 될 정도로 칼새는 제비와 참 닮았습니다. 전체적으로 까만 깃을 가지고 있고 배에 흰 줄무늬가 있는 모습이 영락없이 제비이기 때문입니다. 그러나 제비보다 날개가 더 길고, 뾰족해서 마치 칼처럼 생겼으며 바람을 칼로 베어 내듯 빠르고 힘차게 날아다녀서 이름도 '칼'새라고 한답니다.

칼새는 봄이나 가을, 먼 거리를 이동할 때 가끔 눈에 띨 뿐입니다. 둥지에 알을 낳고 새끼를 키우는 기간 외에 대부분의 시간을 높은 하늘 위를 날아다니며 지내기 때문에 눈에 잘 띄지 않지요. 전문가들은 칼새가 이동할 시기 즈음, 서해의 섬으로 하늘 높이 날고 있는 칼새를 관찰하러 가기도 한답니다.

ⓒ 김현태

칼새의 비행

칼새는 언제나 하늘을 꿈꿔요

칼새의 수명은 약 10년 이상이며 일생의 대부분을 하늘을 날며 살아간다고 할 정도로 많은 시간을 날아다니며 보낸답니다. 비행 시간, 속도, 공중에서의 생활력에 있어 어떤 새도 칼새를 따라잡을 수 없지요. 새 중의 새이자 가장 진화된 새라고도 할 수 있어요. 알을 낳아 새끼를 키울 때를 빼고는 쉬지 않고 하늘을 날아다닌답니다. 먹이를 먹는 것도, 목욕도, 짝짓기도 날면서 하지요. 잠도 높은 밤하늘을 날아다니면서 토막 잠을 자는 것으로 알려져 있습니다. 그래서 칼새는 거의 하늘을 나는 모습으로만 만날 수 있습니다. 유럽에 사는 칼새의 경우 서아프리카에서 겨울을 보내고 번식지인 스위스로 날아가는 200일 동안 한 번도 땅에 앉지 않고 계속 날았다는 관찰 기록이 남아 있기도 한답니다.

칼새의 생김새

칼새의 부리는 짧고 약하지만 아주 크게 입을 벌릴 수 있습니다. 입을 크게 벌리고 날아다니면서 하늘을 나는 곤충들을 잡아먹지요. 날씨가 궂으면 날아다니는 곤충을 구하기 어렵기 때문에 칼새는 어른이건 새끼이건 굶주림에 잘 견디는 편입니다.
다리는 짧지만 유연하며 발가락 네 개는 모두 앞을 향해 있습니다. 발톱은 강하고 날카로우며 둥그렇게 휘어 있어 쥐는 힘이 강합니다. 이 같은 다리와 발가락 구조는 수직 벽에 단단히 달라붙기 위한 것입니다. 대신 땅에 내려앉으면 좀처럼 날아오르지 못하지요. 다른 새들처럼 발로 땅을 차며 날아오르는 힘을 낼 수 없기 때문입니다.

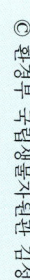
© 환경부 국립생물자원관 김성현

쉼 없이 하늘을 날아다니는 칼새들

🐦 우리나라에는 어떤 칼새가 있을까?

우리나라에서 볼 수 있는 칼새의 종류에는 칼새, 바늘꼬리칼새, 작은칼새와 쇠칼새가 있습니다. 칼새는 겨울에 따뜻한 동남아시아에서 생활하고 봄에 우리나라를 찾아와 해안이나 높은 산의 바위벽 주변에서 번식을 합니다. 바늘꼬리칼새는 동남아시아에서 겨울을 보내고 봄에 우리나라보다 더 북쪽 지역으로 이동해 번식하며, 우리나라에서는 봄과 가을에 관찰할 수 있습니다. 칼새보다 몸이 더 통통하고 꼬리가 짧으며 꼬리 깃털의 끝이 딱딱한 바늘처럼 튀어나와 있어 수직면에 달라붙기에 더 유리하지요. 작은칼새와 쇠칼새는 칼새보다 크기가 작으며 우리나라보다 남쪽인 지역에서 겨울과 여름을 보내며 아주 드물게 관찰됩니다.

🐦 칼새는 먹이를 따라 이동해요

칼새는 잡아먹는 곤충을 따라 움직여요. 1970년대만 해도 우리나라에는 논과 개울에 많은 곤충들이 살고 있어서 칼새가 쉽게 눈에 띄었지만 요즘에는 도시가 많아지면서 칼새를 보기가 무척 어려워졌지요. 이제는 사람이 많이 살지 않는 바위산이나 섬에서 볼 수 있습니다. 곤충을 먹고 살기 위해서는 겨울이나 적어도 이른 봄에는 곤충이 많은 열대 지방이나 계절이 반대인 남반구 쪽으로 이동해야 한답니다. 그런 이유로 북유럽의 칼새는 아프리카 남부로, 우리나라의 칼새는 동남아시아나 오스트레일리아로, 그리고 캐나다의 칼새는 남아메리카의 아마존 유역으로 수천 킬로미터 내지 1만 킬로미터의 먼 거리를 이동합니다.

🐦 최고급 요리로 평가받는 칼새의 집

해마다 같은 곳에 집을 짓는 칼새는 종류마다 독특하게 집을 짓는답니다. 그중에서도 가장 독특한 것은 동굴칼새류입니다. 해안이나 내륙의 석회암 절벽 등에 나 있는 커다란 천연 동굴에 1년 내내 살면서, 수만 마리에서 백만 마리 이상의 큰 무리를 지어 번식을 합니다. 그중 흰배칼새와 같은 몇몇 종은 짝을 짓는 시기가 되면 매우 끈적거리는 성질의 침을 만들어 거의 그것만으로 집을 짓습니다. 이 집이 마르면 백색의 반투명한 집이 되는데 이렇게 만들어진 집은 '연와탕' 흔히 '제비집

나무 상자 안에 지어진 흰배칼새의 둥지

수프'라고 불리는 중국 요리의 재료가 되기도 하지요. 과거에는 베트남 궁중 요리였으며, 현재는 중국 남부 지방의 최고급 요리이기도 합니다.
우리나라 칼새의 경우 인공 건축물에는 집을 짓지 않으며 높은 산이나 해안 바위 절벽의 틈새에 집을 짓습니다. 5월 말에서 7월 하순에 식물의 줄기나 잎, 해초와 같은 재료를 침으로 붙여서 밥그릇 모양의 둥지를 만들지요.

칼새의 아기 기르기

칼새는 한 번에 2~3개의 알을 낳습니다. 알에서 새끼가 부화되는 데는 약 19~20일 정도 걸리며 알의 개수, 알을 품는 일수, 알에서 성공적으로 새끼가 나올 확률은 기후와 얼마나 먹이를 잘 먹었느냐에 따라 크게 좌우된다고 합니다. 그리고 부화한 새끼가 둥지를 떠나 날아오르는 데는 기후와는 상관없이 영양 상태에 따라서 5주에서 8주까지 3주 정도 차이가 난다고 합니다. 어미 칼새는 공중에 날아다니는 아주 작은 곤충을 천 마리 이상 입속으로 빨아 들여 목에 저장했다가 새끼에게 토해 줍니다. 날씨가 좋을 때에는 약 30분에 한 번씩 먹이를 구해 주며 하루에 30~40그램 정도의 벌레를 사냥합니다. 어미 칼새가 이렇게 열심히 새끼에게 먹이를 구해다 먹이기 때문에 새끼는 둥지에 있는 동안 어미 새의 몸무게보다 더 무겁다고 합니다.

지은이 안네 묄러

안네 묄러는 1970년 독일 프라이부르크에서 태어났다. 대학에서 디자인을 배우고 1998년 졸업한 다음 일러스트레이터가 되어 독일의 여러 출판사와 함께 작업하였다. 안네의 그림책 『보금자리 만들기, 구멍 뚫기』는 2005년 논픽션 분야와 전문 서적 분야에서 최고의 상을 받았다.

옮긴이 송소민

이화여자대학교에서 독문학 박사 학위를 받고, 독일 베를린 자유대학 독문과에서 공부했다. 이화여자대학교 독문과 강사를 지냈다. 지은 책으로는 『물의 요정을 찾아서』(공저), 『독일 문학의 장면들』(공저) 등이 있으며, 옮긴 책으로는 『젊은 베르테르의 슬픔』 『카프카 단편선』 『청년 알렉산더』 『비밀의 터널』 『클림트』 『휴식능력 마냐나』 『천천히 걸어 희망으로』 『사랑하라 너를 미치도록』 『별밤의 산책자들』 등 다수가 있다.

도운이 김현태

서산중앙고등학교에서 생물을 가르치고 있다. 공주대학교 사범대학에서 생물학을 전공했으며, 환경단체인 '습지와 새들의 친구'의 고문을 지냈다. 2004년부터 2006년까지 한국조류학회 이사를 맡았고, 2005년 1월에는 남극 체험단으로 남극 세종기지에서 조류 조사를 하는 등 다양한 활동을 펼치고 있는 새 전문가이다.
지은 책으로는 『서산A. B지구 철새』 『철새』 『세밀화로 그린 보리 어린이 새 도감』 등이 있다.

바람을 가르는 칼새의 여행

초판 1쇄 2014년 03월 10일
초판 5쇄 2019년 12월 23일

지은이_안네 묄러 ● 옮긴이_송소민 ● 총괄_모계영 ● 편집장_이은아 ● 편집_조정우, 민가진, 한지영 ● 디자인_강미서 ● 마케팅_구혜지, 한소정
펴낸이_한혁수 ● 펴낸곳_도서출판 다림 ● 등록_1997. 8. 1. 제1-2209호 ● 주소_150-038 서울시 영등포구 영신로 220 KnK디지털타워 1102호
전화_02-538-2913 ● 팩스_02-563-7739 ● 다림 블로그_blog.naver.com/darimbooks ● 다림 카페_cafe.naver.com/darimbooks ● 전자 우편_darimbooks@daum.net

ⓒ 안네 묄러, 2014
ISBN 978-89-6177-082-8 74400

*이 책 내용의 일부 또는 전부를 재사용하려면 반드시 저작권자와 도서출판 다림의 서면 동의를 받아야 합니다.
*책값은 뒤표지에 표시되어 있습니다.
*이 책에 수록된 사진들은 저작권자의 허락을 받고 수록했습니다.
　출판 당시 허가를 받기 어려웠던 사진은 추후 저작권을 확인하는 대로 절차에 따라 적법한 저작권료를 지급하겠습니다.

| **제품명**: 바람을 가르는 칼새의 여행 | **제조자명**: 도서출판 다림 | **제조국명**: 대한민국 |
전화번호: 02-538-2913 | **주소**: 서울시 영등포구 영신로 220 KnK 디지털타워 1102호
제조년월: 2019년 12월 23일 | **사용연령**: 5세 이상
※KC마크는 이 제품이 공통안전기준에 적합하였음을 의미합니다.

⚠ 주 의
아이들이 모서리에 다치지 않게 주의하세요.